AF357744

PROJET

D'UN

PALAIS NATIONAL

ET D'UNE

PLACE POUR LE ROI,

Par M. Rousseau, architecte, inspecteur des bâtiments du roi.

L'assemblée nationale ayant agréé l'hommage de ce projet, les plans sont déposés dans ses archives.

A PARIS,

Chez Firmin Didot, Libraire pour l'Architecture et le Génie, rue Dauphine, N°. 116.

M. DCC. XC.

PROJET

D'UN

PALAIS NATIONAL

ET D'UNE

PLACE POUR LE ROI.

Dans un écrit qui a pour titre, *Considérations sur l'établissement nécessaire à l'assemblée nationale, et moyens d'ériger ce palais, avec une place, qui en feroit partie, pour la statue du roi, sans que cette dépense puisse être sensible sur les besoins de l'état;*

L'auteur (M. Develye) indique, de la maniere suivante, les moyens de procurer les fonds nécessaires à ces deux établissements. « On conviendra « sans doute que la dépense du palais national doit « être supportée par tous les contribuables aux « charges de l'état, y compris ceux des colonies. »

Il est même de la dignité de l'empire que tous les départements se réunissent et partagent la gloire d'élever ce grand monument.

A 2

« Que le nombre des payants capitation peut être
« de *six millions*, et qu'à raison chacun de *six sous*
« *huit deniers par an*, *l'un dans l'autre*, cette con-
« tribution seroit au total de deux millions par
« année. »

« Comme il ne faut pas moins de six ans pour les
« travaux proposés, avec l'apurement et le solde
« des comptes, il résulteroit que la cotisation, pen-
« dant ce temps, produiroit *douze millions* effectifs,
« avec lesquels l'état peut ériger un magnifique
« palais, ainsi que le monument de sa vénération
« pour le roi citoyen, restaurateur de la liberté des
« François. »

. . . .

. . . .

. . . .

« Les monuments dont il s'agit doivent transmettre
« à la postérité, par un superbe ensemble, l'époque
« de la révolution la plus glorieuse pour l'empire
« françois. »

« La dignité d'un gouvernement qui ordonne de
« grands travaux, doit se préserver des maximes de
« la parcimonie et des convenances individuelles, ou
« des petits moyens trop souvent reproduits dans nos
« édifices publics; par la raison qu'il n'y a que ce qui
« est véritablement beau et majestueux qui convienne
« à ces sortes de dépenses, et que c'est sur des té-

« moignages de ce genre qu'il est prouvé que Rome
« moderne ne doit son éclat et ses richesses qu'aux
« antiquités précieuses qu'elle renferme; puisqu'après
« tant de siecles, ces chef-d'œuvres conservent en-
« core le droit d'enseigner les arts à tous les peuples
« de l'Europe. »

« Pour satisfaire à ces considérations, je propose
« d'ériger le palais national en parallele avec celui
« de nos rois, sur le quai des Théatins, entre les
« rues des Saints-Peres et des Petits-Augustins,
« d'autant que ces religieux ont des jardins considé-
« rables derriere cette ligne d'hôtels, où l'on peut
« s'étendre autant qu'il sera nécessaire. »

« Auquel cas, il faut acquérir et *bien payer* la pro-
« priété des hôtels de Lautrec, Juigné, Bouillon,
« avec deux autres maisons, c'est-à-dire que les pro-
« priétaires y trouvent un avantage réel; ce qui, vu
« l'importance du projet, ne sera cependant pas très
« considérable, parceque lesdites propriétés ont peu
« de profondeur. »

« On conçoit ce qu'il est possible au génie ainsi
« qu'aux arts, de faire dans un aussi magnifique em-
« placement, auquel se joint le mérite d'être bordé
« d'un rivage sur lequel on peut prendre une portion
« de terrain égale à la superficie du quai, depuis et
« vis-à-vis la rue des Petits-Augustins jusqu'à celle
« des Saints-Peres, pour y disposer une très belle

« place, sans autre dépense que le nouveau mur,
« au milieu de laquelle seroit, 1°. le témoignage de
« la reconnoissance publique au devant du palais de
« la nation, et en pendant avec l'image chérie de
« Henri IV; 2°. que le roi auroit aussi, à la vue de son
« palais, le gage de l'amour de ses peuples pour sa
« personne ; 3°. comme cette situation est au milieu
« de la ligne qui borde le plus beau bassin de la ri-
« viere, elle est susceptible des plus grands effets
« pour les fêtes nationales, sous les yeux du roi et
« de toute sa cour, sans sortir des Tuileries et du
« Louvre. »

Pénétré de ces idées et les croyant dignes de la
munificence de l'assemblée nationale, on a, sur ces
données, composé l'ensemble de ces grands établissements.

Mais considérant qu'un monument de cette importance doit, dans tous ses aspects, avoir un carac-
tère imposant, on a pensé qu'il étoit indispensable
de l'isoler, et de l'excédent du terrain contenu entre le quai des Théatins, les rues des Saints-Peres,
Jacob et des Petits-Augustins, en faire un promenoir
public (1).

---

(1) L'emplacement proposé sur le quai des Théatins, entre les
rues des Saints-Peres et des Petits-Augustins, paroît sans doute

Détails pour servir d'instructions aux plans.

Le palais ayant sa principale entrée du côté de la riviere, est précédé par la place pour la satue du roi; cette place, formée en partie par le quai, s'étendroit en largeur et en avant-corps sur la riviere (1). On concevra tous les avantages de cette position, qui auroit pour découverte tous les ponts et tous les quais depuis la place de Louis XV jusqu'à celle de l'Hôtel-de-ville. Deux grands obélisques, élevés aux angles de la place du côté de la riviere, seroient décorés d'allégories et d'inscriptions, pour instruire les générations futures des bienfaits du monarque et de la reconnoissance de ses sujets. Ces obélisques placés sur des cubes dont l'emblême est d'être une base inaltérable, poseroient *sur des faisceaux composés des quatre-vingt-trois bannieres des départements de l'empire.*

---

le plus convenable à ce grand établissement; mais si les acquisitions à faire pouvoient présenter des difficultés insurmontables, on proposera d'autres terrains qui n'auront pas les mêmes inconvénients, notamment ceux des Capucines, entre la place de Louis-le-Grand et les Boulevards.

(1) Il y a dans cette partie un atterrissement plus considérable encore que l'avance proposée. Cette avance sur la riviere pourroit être voûtée sur de grosses colonnes courtes, afin que, dans les hautes eaux, cette partie ne se trouvât pas plus resserrée; et ce soubassement, vu des quais, des Tuileries et des ponts, auroit un effet pittoresque.

Intention de la statue de roi (1).

La statue pédestre du roi est sur un cube; sa majesté a la main gauche appuyée sur une table d'airain, portant cette inscription :

Loix constitutives de l'empire, sanctionnées par LOUIS XVI, roi citoyen, restaurateur de la liberté des François en 1789.

La main droite du monarque est posée sur son cœur, en signe de l'amour qu'il y porte pour son peuple. A côté du roi, le sceptre, la couronne royale et la couronne civique se trouvent réunis.

Les quatre angles du cube sont occupés par des figures allégoriques. Sur la face principale et à la droite du roi, la figure symbolique de la nation, tenant de sa main droite l'emblème de la liberté, entourée d'une branche d'olivier, et tournant vers le roi des regards qui expriment sa reconnoissance ; on voit à ses pieds des chaînes et des jougs rompus.

Sur la gauche de la même face, la loi, tenant de la main droite un livre, de l'autre main des balances, emblème de l'égalité et de la justice.

Au troisieme angle, Mercure, symbole du commerce, ayant à ses pieds une corne d'abondance,

____

(1) L'esquisse en relief de la statue du roi est exécutée par M. Chaudet, sculpteur du roi.

d'où

d'où sortent les productions des quatre parties du monde, pour désigner l'étendue et la richesse du commerce.

La quatrieme figure est Hercule, appuyé sur un faisceau, dont l'emblême représente l'union et la force.

Quatre faces d'un socle qui porte le cube , sont disposées pour recevoir des bas-reliefs et des inscriptions.

La cour du palais, décorée de colonnades d'ordre ionique, est environnée dans ses quatre faces de vastes galeries, servant de promenoirs et de communications aux divers départements des bureaux ; *ces galeries sont disposées de maniere à pouvoir y placer des tables de bronze encastrées dans les murs , à l'effet d'y graver en lettres d'or la constitution du gouvernement, ainsi que les décrets de la nation : d'autres indiqueront les noms et les armes des quatre-vingt-trois départements dont le royaume est composé, pour être un témoignage à la postérité de l'étendue de l'état.*

On a donné trois grandes entrées, l'une par la place, les deux autres par les rues des Saints-Peres et des Petits-Augustins : la premiere, qui est la principale, est un grand arc, à trois ouvertures , décoré de diverses allégories et inscriptions; la masse dans laquelle est composé cet arc, est un cube parfait, qui sert de base à un couronnement, dont l'emblême est le triomphe de la sagesse.   B

La grande salle de l'assemblée , décorée d'ordre dorique (n°. 1 *du plan*), contiendra 1200 députés placés commodément sur des gradins en amphi-théatre.

On a préféré la forme de demi-ronde , comme la plus commode et la plus convenable au placement du roi quand il se rendra à l'assemblée des repré-sentants de la nation. Dans la tribune disposée à cet effet (n°. 2 *du plan*), sa majesté pourra y être sous les marques distinctives de la royauté, et accompa-gnée de tous les grands officiers de l'état.

La tribune des orateurs (n°. 3 *du plan*), sera en face du roi , et placée au milieu des députés ; les voix y seront parfaitement entendues (1).

On a pratiqué quatre autres tribunes (n°. 4 *du plan*) pour la reine et les princesses , pour les ministres du roi et pour les ambassadeurs et ministres des cours étrangeres. Enfin des galeries , pour le public, au nombre de 600 places (n°. 5 *du plan*); celles-ci auront des entrées particulieres.

Le roi et les représentants de la nation auront leurs entrées au centre de l'édifice; 1°. par un grand pé-ristile d'ordre corinthien (n°. 6 *du plan*), sous lequel passeront les voitures , pour monter et descendre à

---

(1) La construction des voûtes sera combinée de maniere à ren-dre les sons distincts.

couvert; 2°. par un très grand vestibule décoré d'ordre ionique (n°. 7 *du plan*); 3°. par une vaste antichambre ou salle des gardes, décorée d'ordre composite (n°. 8 *du plan*) : cette piece donne entrée à deux autres (n°s. 9 et 10 *du plan*), destinées pour le président et les secrétaires ; et enfin dans un très grand sallon, décoré d'ordre corinthien (n°. 11 *du plan*), donnant entrée à l'estrade du roi, par un sallon particulier pour sa majesté, et à deux pieces de passages pour la salle d'assemblée (n°. 12 *du plan*), pour les représentants de la nation.

Les corps qui seront appellés ou admis à la barre (n°. 14 *du plan*) auront des entrées commodes et convenables précédées de vestibules (n°. 15 *du plan*), et d'une grande salle pour attendre leur admission (n°. 16 *du plan*).

On a pratiqué, dans diverses parties et dans les rapprochements de la salle et du sallon, un grand nombre de garde-robes, avec de l'eau en abondance.

Enfin, pour la plus grande commodité du travail des représentants de la nation, on a disposé treize cabinets (n°. 17 *du plan*), qui se prendront par la galerie tournante qui conduit à la tribune des orateurs, derriere le dernier rang des gradins; ces cabinets sont destinés pour les députés qui auront des notes à rédiger tant avant qu'après avoir occupé la tribune.

Les trente bureaux nécessaires pour les comités,
sont indiqués dans les deux ailes latérales et dans
les pavillons. Chacun de ces bureaux est composé
d'une anti-chambre, d'un grand cabinet; d'un serre-
papier, qui servira de cabinet particulier pour le
secrétaire; une grande piece pour les commis aux
écritures; et enfin une garderobe. Tous ces bureaux
se communiquent, ainsi qu'on l'a dit plus haut, par
des galeries couvertes.

Les salles des archives, et même le logement du
garde de ce dépôt et les bureaux nécessaires à ce dé-
partement, seront placés dans l'attique de l'un de
ces pavillons; et enoutre on a pratiqué, dans le couronnement de l'arc qui forme la principale entrée,
une piece d'une étendue considérable et isolée de
toutes parts; elle seroit destinée à contenir les origi-
naux des décrets et des loix.

L'imprimerie de l'assemblée nationale sera de
même placée dans l'un de ces attiques.

Le rez-de-chaussée des deux pavillons de la face
sur la place sera occupé par des corps-de-gardes;
l'un général pour les gardes de tous les postes, l'autre pour des pompiers (1).

Le surplus du rez-de-chaussée de ces pavillons est

----

(1) Bien que la construction de tout l'édifice soit combinée de
maniere à ne pas donner lieu aux incendies, on a cependant cru
nécessaire de ne pas négliger un corps-de-garde de pompiers.

disposé pour des établissements d'un café et d'un restaurateur ; et comme les cours intérieures de ces pavillons seront abaissées au sol de l'étage souterrain, les laboratoires étant placés dans ces dessous avec beaucoup de commodités, cette partie de service ne sera susceptible d'aucuns inconvénients.

A l'égard des corps-de-gardes des postes particuliers, deux sont disposés dans les vestibules des entrées par les rues des Saints-Peres et des Petits-Augustins ; un troisieme dans le grand vestibule du palais ; et enfin deux autres aux entrées du promenoir public, par la rue Jacob.

On a pourvu de même aux logements des Suisses, et à tous ceux nécessaires aux divers employés.

La maniere d'échauffer la salle d'assemblée, les cabinets et tout ce qui y a rapport, a paru d'un trop grand intérêt pour en négliger les dispositions.

L'impossibilité d'avoir pu se procurer assez de renseignements sur les détails et la connoissance de tous les besoins de ce grand établissement, aura sans doute laissé échapper des objets, et sur-tout des dispositions de convenances. On a cherché, dans ce premier plan, à établir des bases générales, tant pour les distributions que pour le genre de décoration qui doit caractériser le palais où siégent les représentants de l'empire françois.

FIN.

VUES PERSPECTIVES D'UN PALAIS NATIONAL.

VUE EXTÉRIEURE DE LA SALLE D'ASSEMBLÉE.

VUE INTÉRIEURE DE LA COUR DU PALAIS.

VUE DE LA PRINCIPALE ENTRÉE ET DE LA PLACE DE LOUIS XVI.

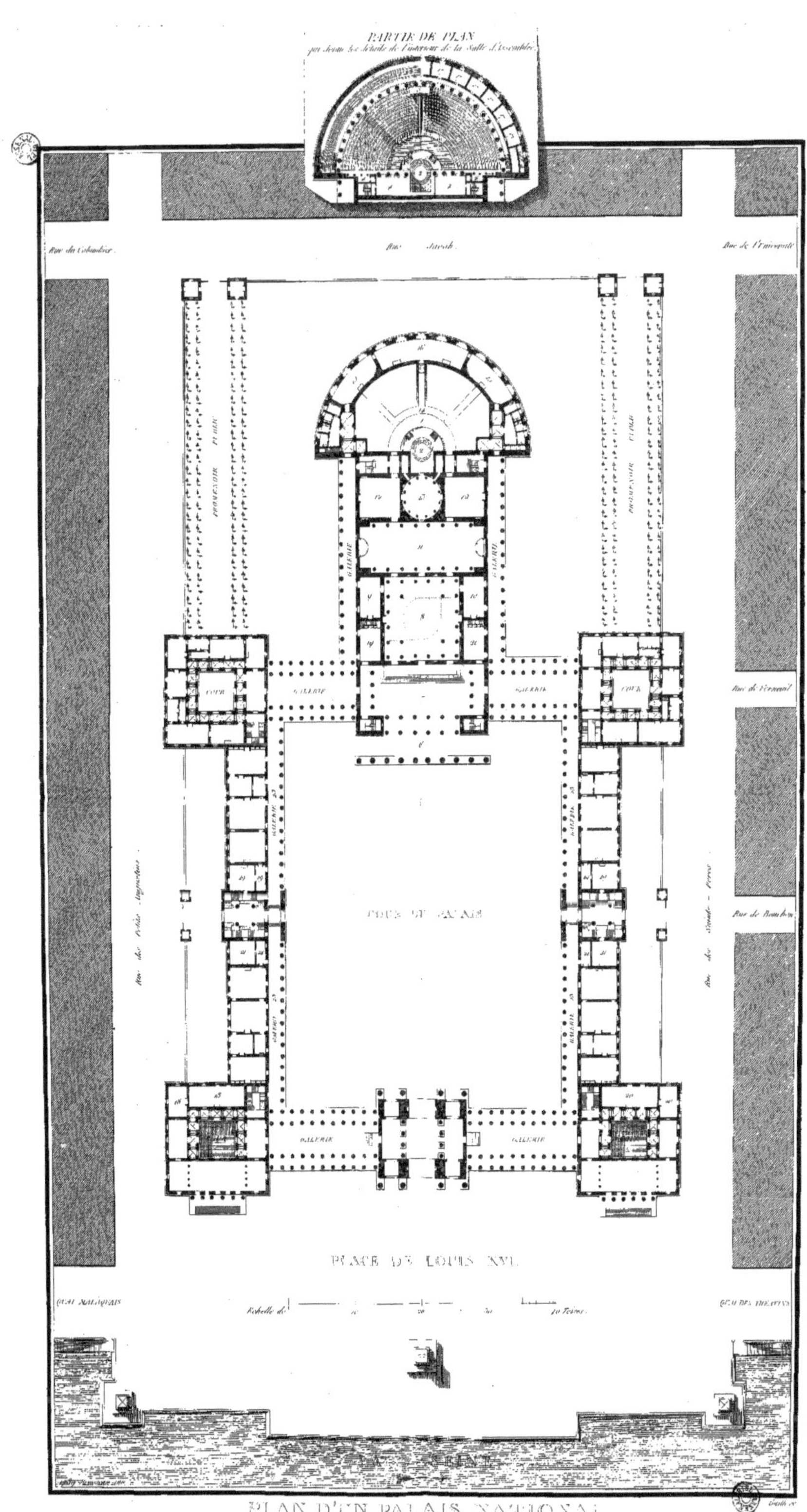

PLAN D'UN PALAIS NATIONAL